Grands Événements | numéro **20**

MAI 68,
LA FRANCE PARALYSÉE

— De la révolte étudiante
à la crise nationale

par Emilie Comes

50MINUTES

MAI 68

- **Quand ?** Du 22 mars au 30 juin 1968.
- **Où ?** Dans toute la France, mais en particulier à Paris.
- **Contexte ?**
  - Le début de la Cinquième République.
  - L'essor de la société de consommation.
- **Protagonistes principaux ?**
  - Charles de Gaulle, homme d'État français (1890-1970).
  - Georges Pompidou, homme d'État français (1911-1974).
  - Daniel Cohn-Bendit, homme politique allemand (né en 1945).
- **Répercussions ?** La mutation profonde de la société française et la crise des valeurs anciennes.

« Sous les pavés, la plage », « Cours camarade, le vieux monde est derrière toi » ou « Déboutonnez votre cerveau aussi souvent que votre braguette » sont autant de slogans subversifs qui symbolisent aujourd'hui encore les contestations et les revendications des étudiants lors de la révolte qui a eu lieu au mois de mai 1968 en France. En manque de perspectives professionnelles, à l'étroit dans une société patriarcale et hiérarchisée tenue d'une main de fer par le général de Gaulle, la jeunesse française étouffe.

Les mouvements de contestation débutent le 22 mars à l'université de Nanterre, s'étendent rapidement aux universités parisiennes et finissent par toucher les ouvriers des grandes usines laissés à l'écart de la croissance économique des années soixante. Cette révolte politique, sociale et culturelle se transforme rapidement en crise nationale. Né de la colère des étudiants, le mouvement devient l'expression violente d'un malaise social face à l'usure du pouvoir, à l'essor de la société de consommation et à la montée du chômage.

Alors que la rébellion s'essouffle dès la fin de la grève générale du 30 mai et se termine par la victoire de la droite gouvernante aux élections de l'Assemblée les 23 et 30 juin, cet événement a toutefois de profondes répercussions sociales et politiques qui sont à la source de la crise des valeurs anciennes et à l'origine, au début des années soixante-dix, de la société moderne telle que nous la connaissons.

CONTEXTE

LE GÉNÉRAL DE GAULLE, UNE FIGURE CENTRALE CONTESTÉE

Considéré par l'opinion publique comme le sauveur d'une France oppressée lors de la Seconde Guerre mondiale (1939-1945), le général Charles de Gaulle se retire de la scène politique suite à la défaite de son parti, le Rassemblement du peuple français, aux élections de 1953. Sa retraite est néanmoins de courte durée. Dès le mois de mai 1958, il est rappelé au pouvoir pour tenter de régler la guerre d'indépendance qui a éclaté quatre ans plus tôt en Algérie (colonie française depuis 1830) et qui a précipité la fin de la Quatrième République (1946-1958), impuissante à mettre un terme au conflit. De Gaulle fait approuver par référendum national une nouvelle Constitution qui permet à la Cinquième République de voir le jour tout en renforçant les pouvoirs exécutifs du chef de l'État.

Élu officiellement président en 1959, il entreprend la décolonisation totale de l'Algérie, qui s'achève en 1962 avec les accords d'Évian, marquant la fin de la crise. Mais les répressions sanglantes menées en France ainsi qu'en Algérie et le contrôle total exercé sur les médias par les autorités marquent profondément les esprits et contribuent à écorner l'image du général. Une partie de l'électorat, lassée par l'exercice total et trop personnel de son pouvoir, se tourne lors des élections de 1965 vers son adversaire de l'époque, François Mitterrand (1916-1996). Cela n'empêche pas le président sortant de l'emporter au second tour. La victoire n'est toutefois pas totale puisque les gaullistes n'obtiennent la majorité à l'Assemblée que d'un siège, signe d'une usure du pouvoir.

Après sa réélection, le général entreprend d'assurer à la France son indépendance sur le plan de la politique extérieure. Durant les années soixante, il dote le pays de l'arme nucléaire et le retire de l'OTAN afin de le soustraire de l'influence des États-Unis. La France peut dès lors devenir un acteur européen majeur au niveau international.

LES TRENTE GLORIEUSES ET LA REPRISE ÉCONOMIQUE

Le retour du général de Gaulle à la tête de l'État coïncide avec la période des Trente Glorieuses (1946-1975), caractérisées par une reprise économique globale qui débute après la Seconde Guerre mondiale et qui provoque une relance de la croissance dans de nombreux pays européens. Profitant de cette atmosphère économiquement favorable, le président entreprend d'assainir les finances de l'État dès son premier mandat et charge le Gouvernement de gérer le développement du pays par le biais de divers projets tels que la politique des grands travaux au nombre desquels figure la construction du tunnel du Mont-Blanc reliant la France et l'Italie inauguré en 1965.

La création du marché commun, établissant une union douanière et économique entre les pays d'Europe, permet également de dynamiser le commerce et la croissance, portés par les grosses usines de production. L'action conjointe du président français et de l'Europe fournit de solides bases à l'économie française, bien que le plan de stabilisation mis au point par le ministre des Finances, Valéry Giscard d'Estaing (né en 1926) pour lutter contre l'inflation des prix engendre un ralentissement économique entre 1964 et 1966. Ce phénomène se poursuit jusqu'à la fin des années soixante et provoque le mécontentement d'une partie des salariés habitués à voir leurs revenus et leur consommation augmenter régulièrement.

UNE SOCIÉTÉ EN PLEINE MUTATION

La croissance économique, bien que ralentie à la fin des années soixante, permet la formation de nouveaux modes de vie et de nouvelles classes sociales. Les cadres et les employés voient leur niveau de vie s'élever, ce qui leur permet d'entrer pleinement dans la société de consommation. Exploitant cette évolution, la télévision diffuse ses premières publicités dans des émissions dites patronnées, c'est-à-dire financées en partie par des entreprises en échange d'une visibilité. Les journaux et la radio vantent, quant à eux, les mérites de nouveaux produits censés apporter le bonheur à l'homme et faciliter la vie de la ménagère.

Cette société en pleine mutation connaît un brusque accroissement de la fécondité lors du baby-boom d'après-guerre qui se poursuit jusqu'en 1965. Les premiers baby-boomers, nés au lendemain de la Seconde Guerre mondiale, atteignent l'âge adulte à la fin des années soixante et entrent tous au même moment sur le marché du travail, mais les places vacantes sont moins nombreuses et on assiste à une augmentation inédite du taux de chômage. Encadrés par l'Église, l'école et la famille, ces jeunes adultes peinent à se reconnaître dans des modes de vie et des mentalités consuméristes associés aux classes moyennes et aisées, et tentent de trouver leur place au sein d'une société traditionnelle, paternaliste et hiérarchisée.

LES OUBLIÉS DE LA CROISSANCE ÉCONOMIQUE

La croissance, qui favorise une hausse significative du niveau de vie, connaît également son lot d'oubliés et de sacrifiés. Afin de produire plus d'objets rendus indispensables à l'individu par la société de consommation, les usines augmentent leurs rendements et, par là même, la pression exercée sur leurs employés. Dès lors, la classe ouvrière connaît une intensification des cadences de travail, une fragmentation des tâches et une extension des horaires de production. Mais les ouvriers, attachés aux valeurs traditionnelles du travail, souhaitent continuer à travailler dans des conditions décentes, proches de l'artisanat, et ne se reconnaissent nullement dans les nouvelles valeurs prônées par le patronat qu'ils considèrent comme une menace.

Quant à la jeunesse, et plus particulièrement la population étudiante, elle fait aussi partie des oubliés. L'augmentation démographique et les aspirations de la nouvelle génération poussent chaque année de plus en plus de jeunes sur les bancs universitaires. Leur souhait est de rompre avec la société et les traditions parentales en se formant à des métiers scientifiques et intellectuels qui nécessitent plusieurs années d'études supérieures. Or, les universités ne sont pas préparées à une telle affluence. À Paris, les locaux que possède l'université de la Sorbonne, ainsi que le corps professoral qu'elle emploie, ne suffisent pas à les accueillir. Un bâtiment annexe est alors construit à la hâte au milieu des bidonvilles de Nanterre pour l'ouverture officielle de la faculté des lettres et des sciences humaines en 1964 ; celui-ci sera le point de départ du mouvement de Mai 68. Pour enrayer la pénurie d'enseignants, des professeurs de lycée sont recrutés pour assurer les cours au titre d'assistant. Ceux-ci se retrouvent face à une jeunesse perdue qui se presse dans des bâtiments précaires et qui subit de plein fouet la misère et le mépris de leurs aînés. Sans perspective et sans aide, la colère grimpe peu à peu dans les rangs des étudiants. La révolte est sur le point d'éclater.

CHARLES DE GAULLE, HOMME D'ÉTAT FRANÇAIS

La Première Guerre mondiale

Charles de Gaulle est né le 22 novembre 1890 à Lille. Il suit une formation militaire à l'école de Saint-Cyr entre 1909 et 1912, puis s'engage dans le 33ᵉ régiment d'infanterie d'Arras, sous les ordres du colonel Pétain (maréchal de France et homme d'État français, 1856-1951).

Durant la Première Guerre mondiale (1914-1918), Charles de Gaulle et ses frères sont mobilisés. Blessé à trois reprises, il est finalement laissé pour mort sur le champ de bataille à Verdun. Capturé par les Allemands et emmené en Allemagne, il n'est libéré qu'à la fin de la guerre. Dès son retour, il est renvoyé en mission en Pologne entre 1919 et 1921 pour participer à la formation d'une armée qui parvient à arrêter la progression de l'Armée rouge.

Officier et théoricien

Revenu auprès de sa famille en 1921, il se marie et a plusieurs enfants. En parallèle, il est chargé de cours à Saint-Cyr, intègre l'École supérieure de guerre et multiplie les stages. Après un séjour de deux ans au Liban, il est finalement muté de 1931 à 1937 au secrétariat général du Conseil supérieur de la Défense nationale à Paris. C'est une période propice qui s'ouvre pour Charles de Gaulle : il commence à se faire remarquer par ses divers écrits sur les théories militaires qu'il publie. Il devient colonel en 1937 et prend la tête du 507ᵉ régiment de chars à Metz.

L'homme du 18 juin

Il est ensuite nommé commandant des chars de la 5e armée lorsque surviennent les déclarations de guerre de la France et de l'Angleterre à l'Allemagne, le 3 septembre 1939. Devenu commandant de la 4e division cuirassée, il s'illustre dans plusieurs combats avant d'être investi en tant que sous-secrétaire d'État à la Défense nationale et à la Guerre, le 5 juin 1940. Alors qu'il tente de coordonner une action conjointe de la France et de l'Angleterre contre l'Allemagne, la démission du président du Conseil et son remplacement par le maréchal Pétain, qui s'empresse de demander l'armistice à Hitler (1889-1945), provoque son éviction du Gouvernement. Le général de Gaulle fuit alors la France occupée pour se réfugier en Angleterre d'où il continue à se battre. Il lance son célèbre appel sur les ondes de la *BBC* le 18 juin 1940 dans lequel il exhorte les Français à continuer le combat contre l'ennemi. Il devient le chef de la France libre et organise l'action de la Résistance jusqu'à la Libération.

Président du Gouvernement provisoire

En 1945, de Gaulle devient président du Gouvernement provisoire, poste duquel il démissionne le 20 janvier 1946 à cause d'un désaccord profond avec les partis. En 1947, il crée un nouveau parti politique qui rencontre un certain succès : le RPF (Rassemblement du peuple français). Le général entend promouvoir la séparation nette des pouvoirs doublée d'un exécutif fort, fer de lance d'une profonde transformation constitutionnelle. Toutefois, face à l'opposition générale suscitée par son action, de Gaulle est obligé d'abandonner progressivement son parti. Une longue traversée du désert s'en suit qui ne se termine qu'en 1958, pendant laquelle il rédige ses mémoires.

La Cinquième République :
une « certaine idée de la France »

Charles de Gaulle est rappelé sur le devant de la scène en mai 1958 par le président René Coty (1882-1962) suite à l'impuissance du Gouvernement à régler le conflit lié à la décolonisation de l'Algérie. Il est ainsi autorisé à former un gouvernement provisoire pour diriger la France pendant une période de six mois durant lesquels il peut mener à bien sa réforme constitutionnelle. La nouvelle Constitution, qui fonde la Cinquième République, est adoptée par référendum le 28 septembre 1958, et Charles de Gaulle en est élu premier président.

Son action permet de mettre fin à la guerre d'Algérie par la signature des accords d'Évian le 22 mars 1962 qui reconnaissent l'indépendance du pays. En parallèle, il prend plusieurs mesures afin de permettre à la France d'entrer dans la Communauté économique européenne et de se placer sur le plan de la concurrence internationale.

Après l'attentat du Petit-Clamart mené par l'OAS (Organisation de l'armée secrète), Charles de Gaulle propose un référendum sur la modification de l'élection du président de la République car il souhaite que le chef de l'État soit élu au suffrage universel direct. Après la victoire du oui, la première élection du président au suffrage universel est organisée en 1965, Charles de Gaulle hésite tout d'abord à se présenter. Mis en ballotage au premier tour, il remporte la victoire au deuxième tour face à François Mitterrand (1916-1996).

La crise de Mai 68 et le départ de de Gaulle

En pleine croissance économique durant les Trente Glorieuses, la France se modernise, mais la société reste figée dans ses anciens modèles. La contestation née parmi les étudiants, pour se propager ensuite aux ouvriers, paralyse la France durant deux mois. Pour tenter d'y mettre un terme, de Gaulle emploie la force face à une jeunesse qu'il ne comprend pas. Le fossé se creuse entre une génération entière et lui, mais grâce à l'action de son Premier ministre, George Pompidou, il parvient à venir à bout de cette grève nationale et à prendre les mesures nécessaires pour régler les divers problèmes qui agitent la société. Profondément marqué par cette contestation de son autorité, Charles de Gaulle organise le 27 avril 1969 un référendum portant sur la décentralisation des pouvoirs et la réforme du Sénat. Comme il l'avait annoncé auparavant, la victoire du non entraîne sa démission immédiate. Il se retire alors dans sa maison de Colombey-les-Deux-Églises où il n'a le temps d'achever que le premier tome de ses *Mémoires* avant de décéder le 9 novembre 1970.

GEORGES POMPIDOU, HOMME D'ÉTAT FRANÇAIS

Une rencontre déterminante

Georges Pompidou est né le 5 juillet 1911 à Montboudif (Auvergne). Il entre à l'École normale supérieure en 1931 dont il ressort agrégé de lettres en 1934. En outre, il obtient un diplôme de l'École libre des sciences politiques.

Sa rencontre avec le général de Gaulle est déterminante pour lui. Il intègre le cabinet du général pour les questions d'éducation en septembre 1944, et devient un proche collaborateur du président. Lorsque le général se retire en 1946, Georges Pompidou entre au Conseil d'État, mais reste fidèle à son ami. De 1948 à 1953, il est à la tête du cabinet de de Gaulle, fondateur du RPF. Il se détourne ensuite de la vie politique pendant un temps pour entrer dans le monde de la finance et de l'économie. Cette expérience, acquise auprès de la banque Rothschild notamment, lui permettra de maîtriser parfaitement les questions économiques nationales qui se présenteront à lui dans ses futures fonctions.

Un rôle de premier plan à la fin de la Quatrième République

Lorsque le général de Gaule revient au pouvoir en 1958, il rappelle auprès de lui Georges Pompidou et le nomme chef de son cabinet afin qu'ils puissent ensemble préparer la Cinquième République. Georges Pompidou doit alors procéder au redressement économique de la France et commencer la rédaction de la nouvelle constitution. Une fois la nouvelle république en place, l'homme fort du président retourne dans le monde de l'entreprise et de la finance sans toutefois se défaire réellement de son rôle auprès du général.

L'homme fort de de Gaulle

En 1962, le président de Gaulle fait de nouveau appel à lui, pour devenir, cette fois, son Premier ministre et succéder à Michel Debré (1912-1996). Georges Pompidou, qui n'a pourtant jamais réalisé de mandat officiel, occupe son poste durant six années – un record –, s'attelant sans relâche aux questions économiques et sociales. Il est très attaché aux questions relatives au progrès technique et industriel qui ne doit pas se faire au détriment des travailleurs et de la société. Fort de ses expériences professionnelles, il procède à la rénovation de la France, lui redonnant un rôle économique et industriel important sur la scène internationale.

Lorsque surviennent les événements de Mai 68, Georges Pompidou affronte la crise en prenant des mesures rapides et efficaces. Il organise une réunion avec les syndicats qui mènera à la signature des accords de Grenelle et à la reprise progressive du travail dans les usines. Son calme et sa méthode lui permettent de mener la droite de de Gaulle à la victoire des élections législatives et d'assurer le pouvoir du président.

Président de la République

Après le départ du général, Georges Pompidou se fait élire président de la République le 15 juin 1969. Il met alors en place une série de mesures efficaces visant à vivifier l'industrie et l'économie par des investissements à long terme dans de grands chantiers tels que les lignes de TGV, les autoroutes ou encore la modernisation de Paris. Son mandat est également marqué par le nouvel élan qu'il donne à la Communauté européenne en acceptant l'intégration de nouveaux pays tels que l'Angleterre. La crise pétrolière de 1973 est un coup dur pour la présidence qui se trouve confrontée à de graves difficultés économiques.

Le mandat du président est écourté par son décès, le 2 avril 1974, des suites d'une maladie qu'il avait dissimulée pendant plusieurs années.

DANIEL COHN-BENDIT, HOMME POLITIQUE ALLEMAND

Un étudiant activiste

Daniel Cohn-Bendit est né le 4 avril 1945 à Montauban (France) de parents juifs allemands ayant fui le régime nazi. En 1958, il rejoint ses parents, rentrés en Allemagne, et décide un an plus tard de choisir la nationalité allemande afin d'éviter le service militaire français. À la mort de ces derniers, il passe son baccalauréat et revient dans son pays natal pour poursuivre ses études supérieures. Inscrit en sociologie à Nanterre, son franc-parler et ses engagements anarcho-communistes le font remarquer : il est très vite considéré comme un agitateur. Mais cela ne calme en rien son ardeur, et, lors de l'inauguration de la piscine universitaire en janvier 1968, il interpelle le ministre de la Jeunesse et des Sports, François Missoffe (1919-2003), sur l'absence des questions relatives à la sexualité des jeunes dans le récent rapport publié par le ministre (*Le livre blanc sur la jeunesse*). S'il échappe de peu à une expulsion, il choisit de poursuivre son combat et reste un activiste très actif.

Au mois de mars 1968, il fonde avec d'autres étudiants le Mouvement du 22 mars pour dénoncer les atrocités de la guerre du Viêt Nam et, après plusieurs coups d'éclat, une information judiciaire est ouverte contre lui. Le 2 mai, il est convoqué avec sept autres étudiants devant le Conseil de discipline de l'université de la Sorbonne. L'agitation que créé cet événement oblige le doyen à faire intervenir les Compagnies républicaines de sécurité (CRS, corps de de la police nationale française). Figure emblématique et médiatique des grèves estudiantines de Mai 68, il devient Dany le Rouge – en référence à ses engagements politiques – et prend la parole au micro de l'Office de radiodiffusion-télévision française (ORTF) pour déclarer l'occupation de la Sorbonne et exposer les revendications de la jeunesse. Pour faire taire l'agitateur, il est expulsé en Allemagne sous les coups d'un arrêté du ministère de l'Intérieur.

DES REVENDICATIONS MULTIPLES

Alors que la contestation débute suite aux horreurs commises lors de la guerre du Viêt Nam, les revendications des étudiants touchent aussi bien leur condition que la société en général :

- critique de la dégradation de leurs conditions matérielles ;
- rejet de la société de consommation ;
- dénonciation de la rigidité du pouvoir ;
- volonté de libéralisation des mœurs ;
- lutte contre les valeurs traditionnelles figées.

Le combat continue

Installé à Francfort, il poursuit ses engagements par la création du groupe *Revolutionärer Kampf* (« Combat révolutionnaire ») et par sa participation à des revues anarchistes. Son arrêté d'expulsion n'est levé qu'en 1978 grâce à une pétition lancée par son frère et signée par plusieurs personnalités politiques.

Éducateur, libraire, puis journaliste littéraire à la télévision suisse, Daniel Cohn-Bendit ne revient véritablement sur la scène politique qu'en 1984 lorsqu'il s'inscrit au parti *Die Grünen* (les verts allemands) et milite à leurs côtés. Il ne choisit toutefois l'écologie que par refus des dérives gauchistes.

Malgré un retour salué dans la vie politique française en 1999, 2004 et 2009, Daniel Cohn-Bendit ne se présente pas aux élections présidentielles de 2012 ni aux Européennes de 2014. Il demeure néanmoins un protagoniste politique important, tour à tour agitateur, anarchiste, libertaire aux tendances marxiste et écologiste, qui continue de commenter et de critiquer certains aspects sociaux et politiques

MAI 68

LE MOUVEMENT DU 22 MARS

Les événements de Mai 68 débutent en réalité le 22 mars. Ce jour-là, une centaine d'étudiants, sous la houlette de Daniel Cohn-Bendit, forment une assemblée générale à l'université de Nanterre et créent le Mouvement du 22 mars. Il s'agit d'un groupe de soutien à Xavier Langlade (1946-2007), arrêté pour avoir attaqué avec plusieurs de ses camarades une succursale de l'*American Express* en signe de protestation contre la guerre du Viêt Nam menée par les États-Unis.

LE SAVIEZ-VOUS ?

Les actions de Xavier Langlade en soutien au peuple vietnamien et sa participation aux événements de Mai 68 lui ont donné le goût des révoltes puisqu'il part ensuite en Amérique latine pour apporter son aide aux mouvements révolutionnaires. Il décède d'une crise cardiaque sur l'île de Cuba en 2007 alors qu'il suivait sa compagne, Léa Guido, en mission pour l'Organisation mondiale de la santé.

Le Mouvement provoque une vague d'agitation au sein de l'université de Nanterre qui oblige le doyen à fermer le campus le 2 mai. Daniel Cohn-Bendit et plusieurs autres étudiants à l'origine de ce groupement sont envoyés devant le Conseil de discipline de la Sorbonne. Le lendemain, les étudiants de Nanterre prennent la direction de la capitale et tiennent un meeting dans la cour de l'université. Mais les menaces d'éventuelles attaques de mouvements d'extrême droite échauffent les esprits. Le recteur de la Sorbonne tente alors de mettre fin à l'effervescence en demandant à la police de faire évacuer l'établissement, mais l'intervention est perçue comme une attaque par les étudiants réunis dans les locaux, et la situation bascule dans le chaos.

Les forces de l'ordre, mal organisées, ne parviennent pas à embarquer tout le monde. Les femmes, laissées libres, colportent la nouvelle dans le Quartier latin (quartier étudiant de Paris) où la rébellion se répand comme une traînée de poudre. L'insurrection gagne également les lycées. La jeunesse se retrouve dans la rue et les policiers, dépassés, frappent aveuglément dans la foule sans faire de distinction entre les agitateurs, les simples passants et les automobilistes. Ce déchaînement de violence ne parvient pas à disperser une foule indignée devant tant de brutalités. Le premier pavé est lancé à 17 h 30 le vendredi 3 mai par un étudiant sur une voiture de police.

LA PREMIÈRE NUIT DES BARRICADES

Après cet incident, les événements s'enchaînent et la tension monte *crescendo*. Le lundi 6 mai, lorsque Daniel Cohn-Bendit et d'autres leaders étudiants sont convoqués devant le Conseil de discipline, une manifestation de solidarité se forme dans la capitale que les CRS ne parviennent pas à juguler. Le Gouvernement refuse de rouvrir la Sorbonne. Quatre jours plus tard, le 10 mai, la police reçoit l'ordre d'attaquer, et la première nuit des barricades a lieu. Des affrontements violents se déroulent jusqu'à l'aube entre les CRS et des jeunes armés de pavés et de cocktails Molotov artisanaux, faisant plus d'une centaine de blessés et des dizaines d'interpellés.

LES OUVRIERS ENTRENT EN GRÈVE

La ville de Paris se réveille le samedi 11 mai dans un décor chaotique. Le Premier ministre Georges Pompidou, conscient de la gravité de la situation, décide de rouvrir la Sorbonne deux jours plus tard afin de permettre aux étudiants de passer leurs examens. Mais, en cette fin de semaine, la lutte des étudiants rencontre la sympathie des ouvriers, outrés par la violence policière faite à l'encontre des jeunes, et ce sont plus de 300 000 manifestants qui défilent dans la capitale le lundi 13 mai pour dénoncer la bourgeoisie et le capitalisme.

Dès le lendemain, les ouvriers de plusieurs grandes usines françaises se mettent en grève et occupent leurs locaux, paralysant progressivement tout le pays. Dans les faits, le premier arrêt de travail est lancé par des jeunes travailleurs instruits qui ne trouvent pas leur place au sein des usines traditionnelles et qui souhaitent davantage de considération de la part de leurs patrons. Tous réclament l'amélioration des conditions de travail, une hausse de leur salaire et une certaine reconnaissance. Après la Sorbonne, c'est le théâtre parisien de l'Odéon qui est envahi pour être transformé en lieu de débat et de représentation le 15 mai.

UNE FRANCE PARALYSÉE

Ce mouvement de grève, parti d'une simple révolte étudiante, prend de plus en plus d'ampleur et se transforme rapidement en revendication nationale. Soutenu par les syndicats, il atteint le chiffre record de sept millions de grévistes déclarés le 20 mai. L'expulsion de Daniel Cohn-Bendit, suite à un arrêté du ministère de l'Intérieur, relance les affrontements et provoque la deuxième nuit des barricades. Face à ces événements, le général de Gaulle reporte au 16 juin le référendum sur la décentralisation des pouvoirs et la réforme du Sénat qu'il souhaite mettre en place depuis plusieurs semaines. Mais, au lendemain de cette nouvelle nuit d'affrontements, les nombreux dégâts engendrés par les combats font perdre au mouvement une partie du soutien de la population française qui, lassée de l'insécurité, accuse les étudiants d'être à l'origine des échauffourées.

Le 25 mai, la gauche non communiste et une partie de la jeunesse se tournent vers Pierre Mendès France (homme politique français, 1907-1982) qu'elles souhaitent ériger en leader du mouvement étudiant et porte-parole de la jeunesse, mais ce dernier refuse. François Mitterrand, dirigeant de la Fédération de la gauche démocrate et socialiste (FGDS), saisit l'occasion et propose la mise en place d'un gouvernement transitoire de gestion le mardi 28 mai. Celui-ci assurerait l'instauration d'une démocratie socialiste, d'un dialogue avec les syndicats et les étudiants ainsi que l'élection d'un nouveau président si de Gaulle venait à partir au lendemain du référendum du 16 juin. Cette annonce fait sensation, mais elle crée également la polémique au sein des contestataires de gauche qui crient à la récupération de leurs idées et de leur révolte à des fins politiques.

LES ACCORDS DE GRENELLE ET LA FIN DU MOUVEMENT

Malgré l'atmosphère tendue, Georges Pompidou parvient à faire signer les accords de Grenelle les 25 et 26 mai en rencontrant les principaux acteurs des organisations patronales et syndicales. Ceux-ci obtiennent une augmentation généralisée des salaires de près de 10 % et une revalorisation de 35 % du SMIG (salaire minimum interprofessionnel garanti). Ces négociations sont officiellement signées le 27 mai par le jeune secrétaire d'État aux affaires sociales chargé de l'emploi, Jacques Chirac (né en 1932). Pourtant, malgré les avancées que représentent ces accords, la grève se poursuit.

C'est le général de Gaulle qui met un terme au mouvement le 29 mai. Au cœur du conflit et visé par de nombreuses attaques contre son gouvernement, il disparaît toute une journée durant pour ne réapparaître que le soir dans sa maison familiale de Colombey-les-Deux-Églises. En réalité, il est parti dans le plus grand secret rencontrer le général Massu (1908-2002), commandant de la base française de Baden-Baden en Allemagne. Cet entretien lui permet de confier son désarroi à Massu qui, connu pour son franc-parler et son aplomb, lui redonne confiance et espoir pour affronter les événements. Soudainement affolée par ce vide politique, la France conservatrice soutient massivement le président lorsque celui-ci prononce le lendemain un discours dans lequel il annonce la dissolution de l'Assemblée dans le but de provoquer des élections anticipées. Un demi-million de gaullistes manifeste le soir même sur les Champs-Élysées pour invoquer un retour à l'ordre.

La production reprend alors progressivement dans les usines au cours du mois de juin, malgré le refus de la Confédération générale du travail (CGT) de Georges Séguy (syndicaliste français, né en 1927) de céder aux propositions de l'État. Mais les Français sont las des coups d'éclat, des grèves et des blessés, et se désolidarisent définitivement des gauchistes, souhaitant retrouver une stabilité économique et politique. C'est pourquoi le théâtre de l'Odéon est évacué dans la plus grande indifférence le 14 juin. La victoire écrasante des gaullistes aux élections législatives du 30 juin traduit parfaitement ce besoin rassurant de paix et de tranquillité incarné par le général.

Toutefois, ce dernier ne sort vainqueur de cette lutte qu'en apparence puisqu'un gouffre s'est creusé avec une certaine partie de la population qui ne se reconnaît plus dans sa figure paternaliste et autoritaire. Les événements de Mai 68 ont en effet révélé un profond désaccord et une grande distance entre la vision de la France hiérarchisée du président et les aspirations étudiantes et ouvrières.

RÉPERCUSSIONS

UN PRÉSIDENT DE PLUS EN PLUS DÉCRIÉ

Malgré la victoire de la droite aux élections de l'Assemblée et l'appui massif de la population après la « disparition » du 29 mai, l'image du président est écornée. De nombreux Français, notamment les jeunes, expriment ouvertement leur méfiance envers la politique de de Gaulle et contestent de plus en plus son autorité. En outre, la démission de Georges Pompidou, l'homme fort des événements de 1968, du poste de Premier ministre suscite l'incompréhension générale. Face aux critiques concernant sa manière de gouverner, de Gaulle annonce que si le non l'emporte lors du référendum sur les régions au mois d'avril 1969, il considèrera cela comme un désaveu et démissionnera immédiatement.

Le 27 avril 1969, quand le refus l'emporte, de Gaulle publie un communiqué officiel annonçant son départ. Alain Poher (1909-1996), président du Sénat, assure la présidence jusqu'aux élections du mois de juin qui donnent Georges Pompidou, candidat de l'Union pour la défense de la République, vainqueur. Les événements de Mai 68 ont donc permis de révéler un certain malaise face au Gouvernement gaulliste et la figure quasiment souveraine qu'incarnait le président. Cette crise a également développé une certaine méfiance face au communisme, jugé *a posteriori* responsable de la grève générale et de ses débordements.

UNE SOCIÉTÉ BOULEVERSÉE

Cette crise nationale a entraîné d'importants changements dans la société française. Les revendications des étudiants, prônant l'égalité, la fraternité et la liberté d'agir, ont secoué les fondements de la morale française au point de faire voler en éclats le code de valeurs ancestral régissant les bonnes mœurs. C'est tout d'abord la place de la femme qui se transforme. Au début des années soixante-dix, cette dernière acquiert un statut grandissant au sein de la société et surtout au sein de son couple. Si elle ne peut prétendre à l'égalité avec son mari, elle cesse d'être considérée comme une éternelle mineure. Par la suite, c'est au tour de la figure paternaliste et autoritaire du chef de famille d'être remise en cause. Au-delà de ces évolutions, la naissance de l'individualisme ouvre la voie aux revendications ultérieures sur la libération sexuelle et la place du corps, des thèmes également centraux pour le mouvement hippie.

LA PLACE DE L'HOMME DANS LA SOCIÉTÉ DE CONSOMMATION

Cette société mouvante trouve en elle-même sa propre contradiction puisque l'une des critiques principales des revendications de 68 va à l'encontre de la société de consommation, berceau du capitalisme. On s'enchante des innovations techniques et technologiques en même temps que sont pointés du doigt la consommation excessive, les fausses envies alimentées par les publicités et l'écart indécent qui se creuse entre certaines catégories de la population. L'homme peine à trouver sa place au sein de ce mouvement et ce dynamisme, tiraillé entre d'une part l'envie et le désir suscités par la publicité et la multiplication de biens matériels, et de l'autre ses valeurs traditionnelles qui se heurtent à la modernité.

DES ÉTUDIANTS STIGMATISÉS

Les manifestations, les brutalités et les dégâts engendrés lors des affrontements entre les CRS et les étudiants ont choqué une partie de la population. Les étudiants sont d'ailleurs stigmatisés pour leur action, et sont qualifiés de fainéants, de rebelles et de dépravés.

Ce jugement sévère démontre une réelle peur des moyens d'action que s'est donnée la jeunesse pour remuer en profondeur les mentalités. L'intervention de ces jeunes, déchaînés et incompris, est vécue négativement par certains Français conservateurs, terrorisés à l'idée de subir de nouvelles pénuries.

Même si ces étudiants, rejoints tardivement par les syndicats, étaient majoritairement gauchistes, ils n'ont pas clairement manifesté de véritable appartenance politique. Toutefois, l'opinion publique les a qualifiés d'anarchistes, de maoïstes, de trotskistes ou de communistes, ce qui a engendré un profond rejet de toutes ces doctrines politiques. Ils ont desservi leur propre cause en poussant si loin la révolte et en prônant le changement des structures mêmes du Gouvernement.

L'HÉRITAGE DE MAI 68

Les commémorations de Mai 68 ont été l'occasion de faire le bilan de cette contestation et d'en comprendre les nombreux héritages sociaux. Outre les slogans, les images d'un Daniel Cohn-Bendit défiant la police, ou les pavés lancés sur les CRS, subsistent de nombreux idéaux et des revendications directement hérités de cette crise nationale.

L'élément central est sûrement le droit à la grève élargi pour les entreprises, les étudiants et les citoyens, ainsi que le rôle majeur joué par les principaux syndicats. Ces derniers ont en effet permis de mieux structurer le mouvement et, assis à la table des négociations, ils ont pu exprimer les besoins de revendications des salariés. Toutefois, la diffusion et la multiplication des syndicats ont entraîné une politisation importante de ceux-ci.

La place de l'enfant dans la famille théorisée par de nombreux psychologues et psychanalystes, au premier rang desquels figure notamment Françoise Dolto (1908-1988), est également une des répercussions du mouvement. Sans oublier le droit à l'avortement ou la loi Simone Veil (femme politique française, née en 1927) de 1975 qui découle directement des luttes initiées pour améliorer la place de la femme dans la société.

Cependant, une zone d'ombre plane sur cet événement qui a fortement marqué l'opinion publique par l'intensité de la révolte estudiantine. Aujourd'hui encore, lorsque les étudiants entrent en grève, ils sont mal jugés par leurs concitoyens qui appréhendent de nouveaux débordements. Souvent qualifiés dans ces cas-là de rebelles et de fainéants, leurs revendications ne sont pas toujours comprises.

EN RÉSUMÉ

Mars 1968	Création du Mouvement du 22 mars
3 mai	Intervention des CRS pour disperser les étudiants
10 mai	Première nuit des barricades
25-26 mai	Accords de Grenelle
29 mai	Disparition du général de Gaulle le temps d'une journée
14 juin	Évacuation de l'Odéon
30 juin	Victoire des gaullistes aux élections

- Les événements qui secouent la France au mois de mai 1968 surviennent dans un contexte de malaise social lié à l'essor de la société de consommation et à la hausse du chômage. Les étudiants ne parviennent plus à trouver leur place dans cette société dominée par la politique conservatrice du général de Gaulle dans laquelle ils ne se reconnaissent pas.

- Les manifestations de Mai 68 trouvent également leur origine dans l'opposition à la guerre du Viêt Nam et dans la création par Daniel Cohn-Bendit et ses camarades du Mouvement du 22 mars. Mais l'agitation suscitée par ce groupement au sein du milieu étudiant provoque la fermeture de l'antenne universitaire de Nanterre et le déplacement de centaines d'étudiants à la Sorbonne au centre de Paris. Loin de s'arrêter là, leurs revendications se rapportent aussi bien à leur condition (dénonciation de la dégradation de leurs conditions matérielles) qu'à la société en général (rejet de la société de consommation et de la rigidité du pouvoir).

- Le 3 mai 1968, l'intervention armée des CRS pour disperser le meeting d'appel à la grève mené par Daniel Cohn-Bendit marque le début des événements. Des affrontements violents entre la police et des jeunes armés de pavés et de cocktails Molotov artisanaux agitent Paris, notamment lors de la première nuit des barricades qui a lieu le 10 mai. Face à la violence déployée par les policiers, les ouvriers rejoignent le mouvement de grève et de protestation en occupant leurs usines. Leurs demandes diffèrent de celles des étudiants : hausse des salaires, diminution du temps de travail, demande de reconnaissance, etc. La France est rapidement paralysée par les grèves.

- La négociation sociale du Premier ministre, Georges Pompidou, permet la signature des accords de Grenelle garantissant une amélioration significative des conditions de travail des ouvriers. Ces avancées ne mettent cependant pas fin à la crise. Il faudra attendre la « disparition » du général de Gaulle le 29 mai et l'angoisse suscitée par ce vide politique pour que la production des usines reprenne progressivement au mois de juin.

- La victoire des gaullistes aux élections de l'Assemblée en réaction aux exactions commises par les étudiants au mois de mai n'est en réalité qu'un écran de fumée. La politique du général est clairement désavouée lors du référendum d'avril 1969.

- La crise de Mai 68 engendre de profondes mutations dans la société française avec l'émergence de l'individualisme, et entraîne une remise en cause de la place de la femme, de la figure paternaliste et autoritaire du père, et plus largement de la place de l'homme dans la société de consommation.

- Durant les faits, les étudiants ont été fortement stigmatisés par l'opinion publique à cause de l'intensité des débordements. Une réputation de rebelles et de fainéants les suit depuis ce jour. Il en a pareillement découlé un rejet de toutes les doctrines politiques (communiste, anarchiste, trotskiste, etc.) associées aux revendications estudiantines.

POUR ALLER PLUS LOIN

SOURCES BIBLIOGRAPHIQUES

- ARTOUS (Antoine), EPSZTAJN (Didier) et SILBERSTEIN (Patrick), *La France des années 68*, Paris, Syllepse, 2008.
- FAURÉ (Christine), *Mai 68 : jour et nuit*, Paris, Gallimard, 2008.
- GOBILLE (Boris), *Mai 68*, Paris, La Découverte, 2008.
- INSTITUT SUPÉRIEUR DU TRAVAIL, *Les slogans de mai 1968*, Paris, 2008.
- LE GOFF (Jean-Pierre), *Mai 68. L'héritage impossible*, Paris, La Découverte, 1998.
- LOYER (Emmanuelle), *Mai 68 dans le texte*, Paris, Éditions Complexe, 2008.
- ROTMAN (Patrick), *Mai 68 raconté à ceux qui ne l'ont pas vécu*, Paris, Éditions du Seuil, 2008.
- SOUCHIER (Emmanuel) et FERRO (Marc), *Mai 68*, Paris, La documentation française, 1988.
- TARNERO (Jacques), *Mai 68. La révolution fiction*, Toulouse, Les essentiels Milan, 1998.
- TOURAINE (Alain), *Le communisme utopique. Le mouvement de Mai 68*, Paris, Éditions du Seuil, 1980.

SOURCES COMPLÉMENTAIRES

« Esprits de mai 68 », in *BNF*.
http://expositions.bnf.fr/mai68/
« Mai 68 », in *Ina*.
http://www.ina.fr/recherche/search?search=Mai+68&x=19&y=18

FILMS ET DOCUMENTAIRE

- *Mai 68*, documentaire de Gudie Lawaetz et Jérôme Kanapa, France, 1974.
- *Adieu de Gaulle, adieu*, téléfilm de Laurent Herbiet, avec Pierre Vernier, Didier Bezace et Frédéric Pierrot, France, 2008.
- *Nés en 68*, film d'Olivier Ducastel et de Jacques Martineau, avec Laetitia Casta, Yannick Renier et Yann Tregouët, France, 2008.
- *Après Mai*, film d'Olivier Assayas, avec Lola Créton et Clément Métayer, France, 2012.

50MINUTES
Art & Littérature
Business & Economics
Histoire & Société
50MINUTES
Gestion & Marketing | numéro 9
LA PYRAMIDE DES BESOINS DE MASLOW
Pourquoi faut-il comprendre les besoins du client ?
Grandes Batailles | numéro 26
LA GUERRE DU KIPPOUR
Le conflit à l'origine du premier choc pétrolier
LE CARAVAGE
ET LES JEUX DE LUMIÈRE

www.50minutes.com

Éditeur responsable : Lemaitre Publishing
Rue Lemaitre 6 | BE-5000 Namur
info@lemaitre-editions.com

ISBN ebook : 978-2-8062-5956-1
ISBN papier : 978-2-8062-5957-8
Dépôt légal : D/2015/12603/147
Photo de couverture : réputée libre de droits.

Conception numérique : Primento,
le partenaire numérique des éditeurs